나의 첫 번째
공룡 이야기

지구에 살았던 거대한 파충류의 모든 것

에린 워터스 지음   아날리사·마리나 두란테 그림   박은진 옮김

미래주니어

나의 첫 번째
공룡 이야기
지구에 살았던 거대한 파충류의 모든 것

초판 1쇄 인쇄 2023년 8월 21일
초판 1쇄 발행 2023년 8월 25일

지음 에린 워터스 | **그림** 아날리사, 마리나 두란테 | **옮김** 박은진 | **펴낸이** 박수길
펴낸곳 (주)도서출판 미래지식 | **편집** 김아롬 | **디자인** design ko
주소 경기도 고양시 덕양구 통일로 140 삼송테크노밸리 A동 3층 333호
전화 02)389-0152 | **팩스** 02)389-0156
홈페이지 www.miraejisig.co.kr
전자우편 miraejisig@naver.com
등록번호 제 2018-000205호

* 이 책의 판권은 미래지식에 있습니다.
* 값은 표지 뒷면에 표기되어 있습니다.
* 잘못된 책은 구입하신 서점에서 바꾸어 드립니다.

ISBN 979-11-91349-83-2 74440
ISBN 979-11-91349-72-6 (세트)

* 미래주니어는 미래지식의 어린이책 브랜드입니다.

MY FIRST BOOK OF DINOSAURS: All About Prehistoric Creatures for Kids by Erin Waters MEd
Copyright © 2023 by Rockridge Press
Illustrations © Annalisa and Marina Durante
Author photo courtesy of Me and the Moon Photography
First Published in English by Rockridge Press, an imprint of Callisto Media, Inc.
All rights reserved.

This Korean edition was published by Miraejisig publishing company in 2023 by arrangement with Callisto Media Inc. through KCC(Korea Copyright Center Inc.), Seoul.

이 책은 (주)한국저작권센터(KCC)를 통한 저작권자와의 독점계약으로 미래지식에서 출간되었습니다.
저작권법에 의해 한국 내에서 보호를 받는 저작물이므로 무단전재와 복제를 금합니다.

이 특별한 책의 주인은

_____

양추아노사우루스

공룡이란 무엇인가요?

공룡은 아주 먼 옛날에 지구에 살았어요. 사람을 포함해 오늘날 우리가 알고 있는 동물들이 지구에 살기 훨씬 전이지요.

공룡은 땅에 살던 동물로, 뱀과 도마뱀 같은 **파충류**예요. 그들은 종류가 무척이나 많고 다양하답니다.

공룡이 모두 같은 시대에 살았던 것은 아니에요. 공룡이 지구상에 처음 등장한 **트라이아스기**에 살던 공룡들도 있고, **쥐라기**에 살던 공룡들도 있고, **백악기**에 살던 공룡들도 있답니다. 하지만 백악기를 끝으로 공룡은 **멸종**되었어요. 몽땅 사라져버려서 지구에 더는 살아 있는 공룡이 없답니다.

육식 동물 Carnivores

어떤 공룡은 **육식 동물**이에요. 육식 동물이란 오늘날 사자처럼 다른 동물을 잡아먹는 동물을 말해요. 메갈로사우루스 같은 육식 공룡은 같은 공룡을 잡아먹었다고 해요!

   육식 공룡은 날카로운 이빨과 뾰족한 발톱으로 먹잇감을 움켜쥐고 뜯어먹어요. 육식 공룡 가운데 티라노사우루스처럼 몸집이 거대한 공룡도 있지만, 벨로키랍토르처럼 덩치가 조그만 공룡도 있답니다!

초식 동물 Herbivores

어떤 공룡은 **초식 동물**이에요. 초식 동물이란 식물을 먹는 동물을 말해요. 초식 공룡은 나뭇잎, 솔잎, 덤불 같은 것을 먹어요. 넓적하고 평평한 이빨로 질긴 식물을 우걱우걱 씹어 먹지요. 아르젠티노사우루스 같은 초식 공룡은 기다란 목으로 높은 나무에 달린 잎을 뜯어 먹었답니다.

아르젠티노사우루스

헤노두스

바다 동물 Underwater Creatures

수많은 공룡이 땅을 누비고 살았던 반면, **선사 시대**의 다른 동물들은 바다에서 헤엄치며 살았어요. 그때 바다를 지배하던 동물은 사실 공룡이 아니었지요. 선사 시대 바다를 주름잡던 동물은 오늘날 백상아리와 가까운 친척뻘인 메갈로돈이었어요. 메갈로돈의 몸집은 소방차 두 대가 마주 보고 있는 것만큼 어마어마하답니다. 헤노두스도 바다 동물이에요. 헤노두스는 몸 크기가 훨씬 작은 파충류로, **포식자**에게 잡아먹히지 않도록 거북이처럼 단단한 껍데기로 덮여 있어요.

콘푸키우소르니스(왼쪽), 미크로랍토르(오른쪽)

하늘 동물 Flying Creatures

공룡은 대부분 하늘을 날 수 없지만, 공룡들의 머리 위를 날아다니던 놀라운 선사 시대 동물들이 있어요. 하늘을 날던 동물 중에는 콘푸키우소르니스와 미크로랍토르가 있지요. 콘푸키우소르니스는 선사 시대 새이고, 미크로랍토르는 날개 달린 작은 공룡이에요.

익룡도 당시 하늘을 주름잡던 동물이지요. 익룡은 생김새가 공룡과 매우 닮은 파충류로, 공룡에 속하지 않고 공룡의 사촌 격이랍니다.

코엘로피시스 Coelophysis

몸놀림이 재빠르고 덩치가 자그마한 코엘로피시스는 날카로운 이빨로 먹잇감을 사냥했어요. 무리 지어 생활했으며 물고기, 곤충, 파충류를 먹고 살았답니다. 과학자들은 미국 뉴멕시코의 한 목장에서 발견된 코엘로피시스의 뼈를 연구한 덕분에 이 공룡에 대해 많이 알게 되었어요. 이렇게 공룡 뼈를 연구하는 과학자를 **고생물학자**라고 해요.

살던 시기: 트라이아스기 후기/ 쥐라기 전기
발견 장소: 미국 아리조나와 뉴멕시코의 숲, 아프리카
몸길이: 3미터
몸높이: 0.9미터
몸무게: 18킬로그램

코엘로피시스는 가족을 사랑하는 공룡이에요! 우리가 집에서 가족과 함께 사는 것처럼 코엘로피시스도 어른 공룡들과 아이 공룡들이 한데 모여 살았답니다.

헤레라사우루스는 다리가 매우 짧아요! 그런데도 헤레라사우루스의 비밀 무기는 앞발에 달린 발톱이랍니다. 앞발로 사냥한 먹잇감을 꽉 움켜쥘 수 있거든요.

헤레라사우루스 Herrerasaurus

헤레라사우루스는 몸집이 사자와 비슷하고, 성질도 사자처럼 거칠고 사나워요. 트라이아스기의 모든 육식 공룡 가운데 덩치가 가장 크답니다! 정글에 살면서 파충류와 작은 공룡들을 잡아먹었어요. 발가락이 열 개이지만 걷는 데는 여섯 개만 사용했지요.

살던 시기: 트라이아스기 후기
발견 장소: 아르헨티나 숲
몸길이: 4미터
몸높이: 1.7미터
몸무게: 318킬로그램

무스사우루스 Mussaurus

무스사우루스는 '생쥐 도마뱀'이라는 뜻이에요. 이런 이름이 붙은 이유는 과학자들이 처음 발견한 뼈가 어린 공룡의 뼈였는데, 크기가 손바닥만 했기 때문이지요! 실제로 무스사우루스가 다 자라면 픽업트럭 크기라고 해요. 무스사우루스는 네 발로 걷는 초식 공룡으로, 포식자의 먹이가 되지 않기 위해 빠른 속도로 달리는 날쌘 공룡이에요.

살던 시기: 트라이아스기 후기
발견 장소: 아르헨티나 숲
몸길이: 6미터
몸높이: 1.8미터
몸무게: 900킬로그램

무스사우루스는 무리를 지어 생활했어요. 어린 공룡은 어린 공룡끼리, 어른 공룡은 어른 공룡끼리 떼를 지어 이동하며 살았답니다.

플라테오사우루스는 '납작한 도마뱀'이라는 뜻이에요. 어깨가 떡 벌어져 있답니다!

플라테오사우루스 Plateosaurus

플라테오사우루스는 트라이아스기 때 살던 공룡 가운데 몸집이 가장 크고 무거워요. 질긴 나뭇잎도 씹을 수 있는 이빨이 나 있어 종류를 가리지 않고 온갖 식물을 먹어 치웠지요.

플라테오사우루스는 네 발로 걷지만, 나뭇가지를 붙잡고 잎을 따 먹을 때는 뒷다리로 몸을 일으켜 두 발로 설 수 있어요. 긴 꼬리는 적을 물리치는 무기로 사용했답니다.

살던 시기 : 트라이아스기 후기
발견 장소 : 남아프리카 숲
몸길이 : 8미터
몸높이 : 3.7미터
몸무게 : 3,630킬로그램

카일레스티벤투스 Caelestiventus

카일레스티벤투스는 사막의 하늘을 날던 파충류예요. 이 익룡은 크기가 고양이와 비슷하고, 뾰족한 이빨이 100개가 넘게 나 있지요. 과학자들은 카일레스티벤투스가 곤충과 작은 도마뱀을 잡아먹었을 거라고 추측해요.

   카일레스티벤투스는 뼈가 워낙 약하고 **부서지기 쉬워** 화석으로 남기 어렵기에 연구하기가 힘든 동물이에요. **화석**이란 옛날에 살던 동물이 오랜 시간 땅속에 묻혀 있다가 돌처럼 단단하게 된 것을 말한답니다.

살던 시기: 트라이아스기 후기
발견 장소: 미국 서부
몸길이: 18~20센티미터, 날개폭 1.5미터
몸높이: 30센티미터
몸무게: 3.6킬로그램

과학자들은 카일레스티벤투스를 사막에서 살던 최초의 익룡으로 여겨요.

아토포덴타투스는 몸통이 악어만큼이나 길쭉했답니다!

아토포덴타투스 Atopodentatus

아토포덴타투스는 바다에서 헤엄치며 살던 **해양** 파충류예요. 몸집이 큰 대부분의 해양 파충류와 달리 아토포덴타투스는 고기를 먹지 않는 선사 시대 동물이에요. 이빨이 지퍼 모양을 닮아 '괴상한 이빨'이라는 이름을 얻었답니다! 아토포덴타투스는 양옆으로 넓게 벌어진 주둥이로 바다 밑바닥에 난 해조류를 진공청소기처럼 긁어낸 후 빨아들여서 먹었어요.

살던 시기: 트라이아스기 중기
발견 장소: 중국
몸길이: 3미터
몸높이: 90센티미터
몸무게: 68킬로그램

알로사우루스 Allosaurus

알로사우루스는 엄청나게 큰 몸집에도 빠르게 잘 달려요. 거의 시속 65킬로미터의 빠르기로 달린답니다! 몸집이 대형버스와 맞먹는 이 육식 공룡은 초식 공룡이라면 크기를 가리지 않고 잡아먹어요. 짧지만 강력한 앞다리와 날카로운 발톱으로 **먹잇감**을 꼼짝 못 하게 붙든답니다.

살던 시기 : 쥐라기 후기
발견 장소 : 미국(콜로라도, 뉴멕시코, 유타, 와이오밍)과 포르투갈
몸길이 : 12미터
몸높이 : 5미터
몸무게 : 2,720킬로그램

알로사우루스가 특히 좋아하는 먹이는 스테고사우루스예요. 과학자들은 두 공룡이 치열한 싸움을 벌이다가 서로 상처를 입힌 흔적을 화석에서 찾아냈답니다.

딜로포사우루스는 위턱의 이빨이 아래턱에 난 이빨보다 두 배나 길어요. 이빨은 모두 33개이고, 대부분 곧게 뻗은 형태가 아니라 낫처럼 휘어져 있어요.

딜로포사우루스 Dilophosaurus

딜로포사우루스는 몸집이 마을버스만 한 육식 공룡이에요. 과학자들은 딜로포사우루스가 새끼 악어, 작은 공룡, 물고기를 먹이로 삼았을 거라고 생각해요. 딜로포사우루스는 팔을 크게 움직이지 못했지만, 위턱이 갈고리 모양으로 구부러져 있어서 물고기 같은 미끈미끈한 동물을 놓치지 않고 꽉 물었답니다.

살던 시기 : 쥐라기 초기
발견 장소 : 아리조나 숲
몸길이 : 7미터
몸높이 : 1.5미터
몸무게 : 400킬로그램

메갈로사우루스 Megalosaurus

메갈로사우루스는 '거대한 도마뱀'을 뜻해요. 몸집이 시내버스 정도의 크기라서 이런 이름이 붙었답니다! 악어처럼 다리가 네 개이지만, 실제로는 튼튼한 뒷다리로 걸었어요. 커다란 덩치에 걸맞게 온갖 크기의 동물을 사냥했는데, 주로 자기보다 몸집이 큰 공룡을 사냥했지요. 메갈로사우루스는 오늘날 곰처럼 앞발로 나무를 박박 긁어 발톱을 날카롭게 만들었답니다.

살던 시기: 쥐라기 중기
발견 장소: 영국의 숲과 바닷가
몸길이: 9미터
몸높이: 3미터
몸무게: 2,040킬로그램

고생물학자들은 한때 메갈로사우루스가 먹이를 사냥했지만, 몸집이 작은 공룡들이 잡아놓은 먹잇감도 훔쳐 먹었을 거라고 생각했어요.

브라키오사우루스는 키가 건물 3층 높이와 맞먹을 정도예요!

브라키오사우루스 Brachiosaurus

브라키오사우루스는 기다란 목으로 높은 나무에 달린 나뭇잎을 따 먹어요. 브라키오사우루스는 몇 가지 **독특한** 특징이 있어요. 코가 머리 꼭대기에 있어서 몸이 물속에 있을 때 콧구멍만 내놓고 스노클링하듯 숨을 쉬었어요. 이빨은 숟가락처럼 생겼지요. 키가 굉장히 큰 브라키오사우루스는 엄청 무거워요. 코끼리 열여덟 마리를 합한 무게보다 많이 나간답니다!

살던 시기 : 쥐라기 후기
발견 장소 : 미국(콜로라도, 유타)과 탄자니아
몸길이 : 21미터
몸높이 : 9미터
몸무게 : 5만 2,200킬로그램

스테고사우루스 Stegosaurus

스테고사우루스는 네 발로 걷는 초식 공룡으로, 거대한 몸집을 자랑해요. 이름에는 '지붕 도마뱀'이라는 뜻이 담겨 있는데, 지붕을 덮는 기왓장처럼 생긴 **골판**이 등에 줄지어 나 있기 때문이지요. 스테고사우루스는 위협을 느낄 때마다 날카로운 가시가 달린 꼬리를 무기처럼 휘둘러 자신을 보호했어요.

살던 시기 : 쥐라기와 백악기
발견 장소 : 북아메리카
몸길이 : 최대 8.8미터(시내버스와 비슷함)
몸높이 : 4.3미터(작은 기린과 비슷함)
몸무게 : 5~7톤 사이(트럭과 비슷함)

과학자들은 스테고사우루스의 등에 난 골판이 햇빛을 흡수해 몸을 따뜻하게 해 줬을 거라고 추측해요.

아르케옵테릭스는 화석을 통해 날개가 있어도 날지 못했고, 짧은 거리만 미끄러지듯 활강했다는 사실이 밝혀졌어요.

아르케옵테릭스 Archaeopteryx

아르케옵테릭스는 몸집이 작고 날개와 깃털이 달린 육식 공룡이에요. 과학자들은 아르케옵테릭스의 화석을 연구해서 오늘날의 새가 공룡의 후손이라는 사실을 알아냈어요. 아르케옵테릭스는 까마귀와 비슷한 크기예요. 발톱으로 나무를 찍어 기어올라간 다음, 날개를 이용해 나무 사이를 행글라이더처럼 날아다닌답니다.

살던 시기 : 쥐라기 후기
발견 장소 : 독일
몸길이 : 50센티미터
몸높이 : 38센티미터
몸무게 : 800그램~1킬로그램
날개폭 : 60센티미터

프테로닥틸루스 Pterodactylus

프테로닥틸루스의 화석이 발견되었을 때 과학자들은 어떤 동물의 화석인지 몰랐어요. 어떤 과학자들은 프테로닥틸루스가 바다 동물이거나 아니면 하늘을 나는 **유대류**라고 생각했지요. 유대류는 캥거루처럼 아기 주머니에서 새끼를 기르는 동물을 말해요. 이제 과학자들은 프테로닥틸루스가 공룡과 사촌 격인 익룡이라는 사실을 알고 있답니다.

살던 시기: 쥐라기 후기
발견 장소: 독일
몸길이: 60센티미터
몸무게: 900그램
날개폭: 90센티미터

프테로닥틸루스는 긴 부리를 이용해 물고기를 잡거나 조개를 열어 먹었어요.

다코사우루스는 몸이 승용차만큼이나 길고, 무게가 말 세 마리를 합한 것만큼 나간답니다.

다코사우루스 Dakosaurus

다코사우루스는 바다에서 살던 해양 악어예요. 이름은 '깨무는 도마뱀'이라는 뜻이지요. 이빨이 큼지막하고 칼처럼 날카로워요. 네 개의 짧은 지느러미발과 아주 강력한 꼬리로 헤엄쳐 다니며 먹이를 잡아먹었답니다.

살던 시기: 쥐라기 후기에서 백악기 초기
발견 장소: 유럽, 남아메리카
몸길이: 4.6미터
몸높이: 60센티미터
몸무게: 900킬로그램

바리오닉스 Baryonyx

바리오닉스는 물고기, 거북, 초식 공룡을 먹이로 하는 커다란 육식 공룡이에요. 발톱은 커다랗고 95개의 이빨은 길고 날카롭지요. 덩치는 시내버스와 비슷하고, 머리 모양은 악어를 똑 닮았어요. 바리오닉스는 물속에서 지내는 시간이 많았답니다.

살던 시기 : 백악기 초기
발견 장소 : 스페인, 영국
몸길이 : 9.8미터
몸높이 : 2.4미터
몸무게 : 1,230킬로그램

바리오닉스는 '무거운 발톱'이라는 뜻이에요. 발톱의 길이가 1.5리터 페트병과 맞먹을 정도랍니다!

데이노니쿠스는 다른 공룡들보다 뇌가 커요. 그래서 과학자들은 데이노니쿠스가 꽤 똑똑했을 거라고 짐작한답니다!

데이노니쿠스 Deinonychus

데이노니쿠스는 몸집이 호랑이만 하고, 호랑이처럼 날렵해요! 바깥 온도와 관계없이 체온을 일정하게 유지하는 온혈 동물로, 몸에 깃털이 달린 육식 공룡이지요. 이 난폭한 사냥꾼은 갈고리 모양의 커다란 발톱으로 사냥한 먹잇감이 달아나지 못하게 단단히 움켜잡은 후 날카로운 이빨로 살점을 마구 뜯어 먹었어요. 또 쌍안경처럼 멀리 있는 물체를 크고 또렷하게 볼 수 있는 눈 덕분에 먹잇감의 위치를 어렵지 않게 찾아냈답니다.

살던 시기 : 백악기 초기
발견 장소 : 유타
몸길이 : 4미터
몸높이 : 90센티미터
몸무게 : 68킬로그램

티라노사우루스 Tyrannosaurus

티라노사우루스 렉스는 이름이 '폭군 도마뱀의 왕'이라는 뜻이에요. 줄여서 '티렉스'라고도 하는데, 다른 공룡을 잡아먹는 무시무시한 육식 공룡이지요. 강력한 턱으로 먹잇감을 한번 물면 뼈까지 으스러뜨렸어요. 키가 건물 2층 높이만큼 자라고, 이빨 하나하나가 바나나만큼 길쭉하답니다!

살던 시기 : 백악기 후기
발견 장소 : 북아메리카 서부의 숲과 강
몸길이 : 12.5미터
몸높이 : 3.7미터(냉장고 두 대를 쌓은 높이)
몸무게 : 6,800킬로그램(자동차 여덟 대를 합한 무게)

과학자들은 암컷 티라노사우루스가 새끼를 보호해야 했기 때문에 수컷보다 몸집이 더 컸다고 해요.

유타랍토르라는 이름은 화석이 발견된 장소인 미국 유타의 이름을 따서 지었답니다!

유타랍토르 Utahraptor

유타랍토르는 매우 영리하고 위험하기 이를 데 없는 육식 공룡이에요. 튼튼한 앞다리와 긴 발톱으로 먹잇감을 잡아채고 갈기갈기 찢어 놓았어요. 뒷발에는 무시무시한 갈고리발톱이 있어요. 발톱이 어찌나 긴지 연필 두 개를 이어 붙인 것과 같은 길이랍니다! 유타랍토르는 **랍토르** 가운데 가장 크고, 가장 힘센 공룡이에요.

살던 시기 : 백악기
발견 장소 : 미국(유타)의 숲과 바닷가
몸길이 : 7미터
몸높이 : 2.4미터
몸무게 : 900킬로그램

벨로키랍토르 Velociraptor

벨로키랍토르는 새처럼 생긴 깃털 공룡으로, 몸집이 칠면조만 한 크기예요. 앞다리에 깃털이 달려 있어 언뜻 날개처럼 보이지만 실제로 날지는 못했어요. 입에는 무려 100개가 넘는 이빨이 빼곡하게 나 있지요. 하지만 뭐니 뭐니 해도 가장 강력한 무기는 커다란 뒷발에 난 큼지막한 갈고리발톱이랍니다.

살던 시기 : 백악기
발견 장소 : 아시아
몸길이 : 1.8미터(침대 길이와 비슷함)
몸높이 : 60센티미터(큰 닭과 비슷함)
몸무게 : 16킬로그램(네 살 아이와 비슷함)

벨로키랍토르는 '날쌘 도둑'이라는 뜻이에요. 엄청난 속도로 먹잇감을 뒤쫓아 공격하는 방식으로 사냥했답니다.

안킬로사우루스는 이빨이 나뭇잎 모양이랍니다! 이빨 가장자리가 톱니처럼 뾰족뾰족해서 질긴 식물도 거뜬히 먹었어요.

안킬로사우루스 Ankylosaurus

안킬로사우루스는 **갑옷**을 두른 듯 온몸이 뼈로 뒤덮여 있어 포식자의 이빨을 막아낼 수 있어요. 꼬리 끝에는 딱딱한 뼈로 이루어진 곤봉이 달려 있답니다! 안킬로사우루스는 백악기가 끝나갈 무렵에 살았어요. 이윽고 **소행성**이 날아들어 지구와 충돌하는 바람에 공룡이 모두 멸종하게 되었지요.

살던 시기 : 백악기
발견 장소 : 미국(몬타나, 와이오밍)과 캐나다의 숲 또는 늪지대
몸길이 : 9미터
몸높이 : 2.4미터
몸무게 : 8,200킬로그램

이구아노돈 Iguanodon

이구아노돈은 고생물학자들이 가장 처음 발견한 공룡이에요. 이름은 '이구아나의 이빨'이라는 뜻이에요. 이빨이 이구아나의 이빨과 많이 닮았기 때문이지요. 이구아노돈은 앞발에 삐죽 튀어나온 커다란 엄지 발톱으로 포식자를 물리쳤어요. 두 발로 걷기도 하고 네 발로 걷기도 했답니다.

살던 시기 : 백악기 초기
발견 장소 : 유럽, 중국, 남아메리카
몸길이 : 13미터
몸높이 : 3미터
몸무게 : 3,400킬로그램

과학자들은 이구아노돈의 혀가 기린처럼 무척 길었을 거라고 생각해요.

파라사우롤로푸스는 이빨이 빠지면 다시 자라고, 또 빠지면 다시 자라기를 평생에 걸쳐 몇 번이고 반복해요.

파라사우롤로푸스 Parasaurolophus

파라사우롤로푸스는 시내버스 정도 크기의 초식 공룡이에요. 머리에는 거대한 볏이 달려 있지요. 과학자들은 볏이 소리를 더 크고 또 울리게 해서 파라사우롤로푸스가 이 볏으로 포식자를 겁주어 쫓아내는 데 사용했다고 추측해요. 입이 오리 주둥이처럼 넓적하게 생겨서 물속에서 지냈을 것 같지만 숲에서 보내는 시간이 더 많았답니다.

살던 시기 : 백악기 후기
발견 장소 : 미국(유타, 뉴멕시코)과 캐나다
몸길이 : 10미터
몸높이 : 3.7미터
몸무게 : 2,270킬로그램

트리케라톱스 Triceratops

트리케라톱스는 코뿔소 다섯 마리를 합한 무게만큼 나가는 초식 공룡이에요. 거대한 몸집에도 불구하고 걸음이 재빨랐지요. 이름은 '뿔이 세 개 달린 얼굴'이라는 뜻이에요. 양쪽 눈 위로 기다란 뿔이 한 쌍 나 있고, 코 위로 짤막한 뿔이 나 있지요. 트리케라톱스는 주로 단단하고 질긴 식물을 씹어 먹었기 때문에 이빨이 곧잘 닳아 없어졌지만 계속해서 새로 자라났답니다.

살던 시기: 백악기 후기
발견 장소: 미국 서부와 캐나다의 숲 또는 늪지대
몸길이: 9미터
몸높이: 3.7미터
몸무게: 1만 1,340킬로그램

트리케라톱스는 땅에 사는 동물 중에서는 머리가 상당히 큰 편에 속한답니다!

프테라노돈은 바다 근처에서 살았어요. 과학자들은 프테라노돈이 물 위를 낮게 날다가 단숨에 물속으로 뛰어들어 물고기와 게를 덥석 잡아먹었다고 생각해요.

프테라노돈 Pteranodon

프테라노돈은 물고기를 먹이로 하는 익룡으로, 거대한 날개를 펄럭이면서 하늘을 날아다녔어요. 수컷 프테라노돈은 몸집이 암컷보다 두 배 가까이 크지요. 또 수컷은 머리 뒤쪽에 길게 솟아 나온 볏이 있었어요. 수컷이든 암컷이든 양 날개를 활짝 펼치면, 그 길이가 정말 어마어마했답니다.

살던 시기 : 백악기 후기
발견 장소 : 북아메리카
몸길이 : 날개폭 6.7미터
몸높이 : 1.8미터
몸무게 : 16킬로그램

케찰코아틀루스 Quetzalcoatlus

지금까지 알려진 모든 익룡을 통틀어 몸집이 가장 큰 케찰코아틀루스는 크기가 기린과 비슷하답니다! 과학자들은 케찰코아틀루스가 육식 동물이라고 생각하지만, 정확히 어떤 동물을 먹고 살았는지 몰라요. 물고기와 작은 바다 동물을 먹었다고 주장하는 과학자들도 있긴 해요. 독수리처럼 죽은 공룡을 먹었을지도 모른답니다!

살던 시기 : 백악기 후기
발견 장소 : 미국 서부
몸길이 : 날개폭 12.2미터(전투기와 비슷함)
몸무게 : 70킬로그램

케찰코아틀루스는 육식 동물인데도 이빨이 없답니다!

프테로닥틸루스

공룡, 과거와 현재의 중요한 연결 고리

공룡에 대해 배우고 연구하면, 먼 과거의 생명체와 현재의 생명체 사이를 이어주는 중요한 연결 고리를 발견할 수 있어요. 그러면 우리를 둘러싼 세계를 한층 깊이 있게 이해하는 데 도움이 되지요.

현대의 동물에 대한 실마리도 찾을 수 있어요. 오늘날 수많은 동물이 공룡의 후손이기 때문이에요! 알면 알수록 흥미로운 공룡의 매력에 흠뻑 빠져 보세요. 나중에 멋진 공룡 박사가 될지도 모르니까요!

갑옷 : 몸을 보호하기 위해 입는 옷

고생물학자 : 화석을 연구하는 과학자

골판 : 몸에 있는 얇고 평평한 뼈 덩어리

날개폭 : 한쪽 날개 끝에서 다른 쪽 날개 끝까지의 길이

랍토르 : 사나운 육식성 조류

먹잇감 : 다른 동물에게 잡아먹히는 동물

멸종 : 지구에서 완전히 사라져 없어짐

백악기 : 지구에 공룡이 마지막으로 살던 시기로 1억 4,500만 년 전부터 6,600만 년 전까지의 기간

볏 : 동물의 머리 꼭대기에 달린 머리카락, 뼈, 깃털, 털 등을 이르는 말

선사 시대 : 인류가 역사를 글로 남기기 전의 시대

소행성 : 우주 공간을 떠도는 바윗덩어리

유대류 : 캥거루와 코알라처럼 새끼를 아기 주머니에 넣고 기르는 포유류

육식 동물 : 다른 동물을 먹고 사는 동물

익룡 : 쥐라기와 백악기 시대에 하늘을 날아다닌 파충류

쥐라기 : 트라이아스기와 백악기 사이의 시기로 2억 1,000만 년 전부터 1억 4,500만 년 전까지의 기간

초식 동물 : 식물을 먹고 사는 동물

트라이아스기 : 지구에 공룡이 처음 등장한 시기로 2억 5,200만 년 전부터 2억 100만 년 전까지의 기간

파충류 : 몸이 비늘로 덮여 있고 바깥 온도에 따라 체온이 변하는 냉혈 동물

포식자 : 다른 동물을 사냥하고 죽여서 잡아먹는 동물

해양 : 넓고 깊은 큰 바다

해조류 : 바다에서 나는 식물

현대 : 지금의 시대, 그리 오래되지 않은 시간

화석 : 오래전에 살던 생물이 남긴 사체나 흔적

지은이

에린 워터스 Erin Waters

에린 워터스는 초등학교에서 1학년 학생들을 가르치는 교사로 일하다가 그만두고, 지금은 교육과정 디자이너로 일해요. 풍부한 지식을 바탕으로 재능을 마음껏 발휘해 초등 교실에서 사용될 게임과 학습자료를 만들어요. 에린은 오하이오에서 남편과 두 아이를 키우며 함께 살고 있지요. 일을 하지 않을 때는 책을 읽거나 공예나 요리를 하며 가족과 즐거운 시간을 보낸답니다.

아날리사와 마리나 두란테
Annalisa AND Marina Durante

아날리사와 마리나는 쌍둥이 자매로, 자연을 있는 그대로 섬세하게 그려내는 자연주의 미술가이자 삽화가예요. 그들의 작품은 세계 여러 나라의 책에 실렸고, 국내외 각종 자연주의 미술 경연대회에서 권위 있는 상을 여러 번 받았답니다.

옮긴이

박은진

부산대학교에서 심리학과 불문학을 공부했어요. 오랜 기간 입시 영어를 가르치다가 글밥 아카데미를 수료하고, 현재 바른번역 소속 번역가로 활동하고 있어요. 옮긴 책으로 《나의 첫 번째 지구 이야기》, 《나의 첫 번째 바다 생물 이야기》, 《로드마크》, 《내가 글이 된다면》 등이 있어요.

나의 첫 번째 과학 이야기

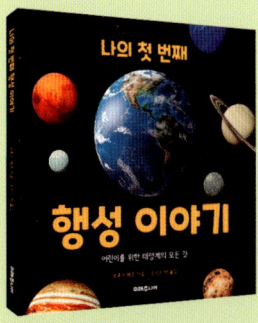

나의 첫 번째 행성 이야기

태양계 각 행성의 특징과 크기, 태양까지 거리, 표면의 모습 주변을 도는 달의 수까지 신비로운 우주의 모습을 관찰할 수 있다.

브루스 베츠 지음 | 조이스 박 옮김 | 72쪽

나의 첫 번째 지구 이야기

우주에서 바라보는 지구의 모습을 관찰하고, 지구의 내부와 표면에 나타나는 여러 현상을 통해 경이로운 자연의 신비를 엿본다.

스테파니 만카 쉬틀러 지음 | 박은진 옮김 | 72쪽

나의 첫 번째 바다 생물 이야기

산초초부터 거대한 고래까지 바다에서 사는 생물들을 자세히 알아보고 생생한 사진과 설명을 통해 해양동물에 대한 호기심을 키운다.

진저 L 클라크 지음 | 박은진 옮김 | 72쪽

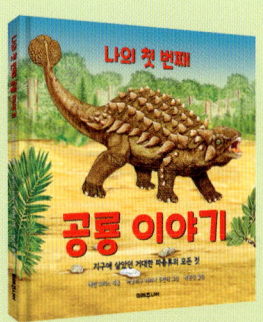

나의 첫 번째 공룡 이야기

아주 먼 옛날 지구의 주인이었던 공룡들의 멋진 모습과 신기하고 재미있는 그들의 모습을 친근감 있는 일러스트와 함께 만나본다.

에린 워터스 지음 | 아날리사 · 마리나 두란테 그림 | 박은진 옮김 | 72쪽